Duden

Logelei Mathematik 1

Entdecken, erforschen und erklären

Herausgegeben von
Joachim Becherer

Erarbeitet von
Joachim Becherer, Martin Gmeiner,
Hans J. Huschens, Mechthild Schmitz
und Dr. Monika Schoy-Lutz

Duden Schulbuchverlag
Berlin, Frankfurt a. M.

Inhaltsverzeichnis

Der Zahlenraum bis 20
- Zählen ... 3
- Zahlbilder ... 4, 5
- Das Zwanzigerfeld ... 6
- Zerlegungen ... 7
- Rechengeschichten ... 8

Rechnen im Zahlenraum bis 20 (I)
- Rechenwege bei Plusaufgaben ... 9
- Bildgeschichten ... 10
- Rechenwege bei Minusaufgaben ... 11
- Rechenwege bei Addition und Subtraktion ... 12

Geometrie
- Eigenschaften geometrischer Körper ... 13, 14
- Lagebeziehungen ... 15, 16

Rechnen im Zahlenraum bis 20 (II)
- Rechenwege bei Plusaufgaben ... 17
- Rechenwege bei Minusaufgaben ... 18
- Arbeiten mit Tabellen ... 19
- Geordnete Päckchen ... 20, 21
- Denken und knobeln ... 22

Sachrechnen
- Bildgeschichten ... 23
- Rechnen mit Geld ... 24
- Lösungshilfen ... 25
- Denken und knobeln ... 26

Geometrie
- Bild und Spiegelbild ... 27
- Spiegelschrift ... 28

Kalender und Zeit
- Kalender ... 29
- Zeit ... 30

Der Zahlenraum bis 100
- Ausblick auf den Zahlenraum bis 100 ... 31
- Magische Dreiecke ... 32

- Aufgaben mit erhöhtem Schwierigkeitsgrad
- Partnerarbeit
- Differenzierung innerhalb einer Aufgabe
- Aufgaben sollen im Heft gelöst werden
- Mit Bleistift und Radiergummi arbeiten

Zählen

Wie viele?

Zahlbilder

1 Kreise ein. Wie viele?

a) 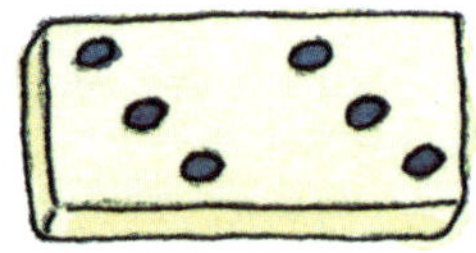 ___

b) 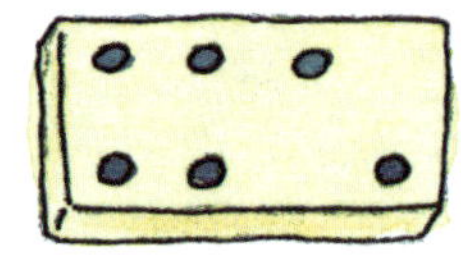 ___

c) 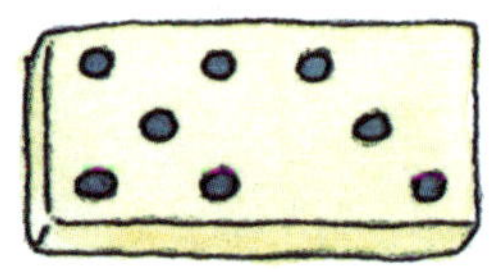 ___

d)  ___

2 Kreise auf zwei Arten ein. Wie viele Punkte sind es?

a)  ___ ___

b)  ___ ___

c) 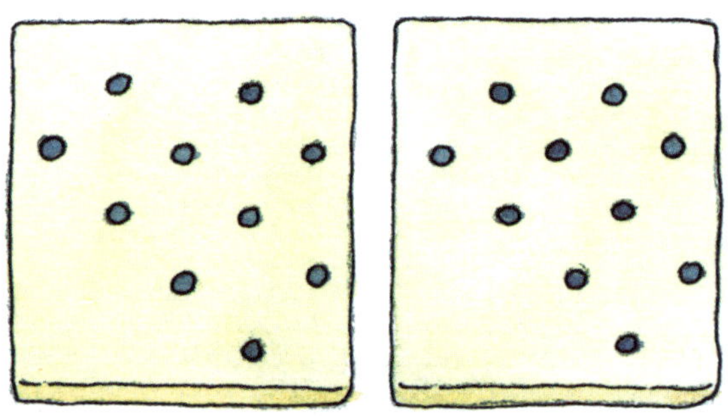 ___ ___

d)  ___ ___

3 Zusammen 8. Zeichne Würfelbilder.

8 8 8

1 In Schritten zählen, vorgegebene Anordnungen durch Einkreisen in Teilmengen unterteilen, z.B. im Kopf in Würfelbilder umstrukturieren **2** Anordnungen unterschiedlich gruppieren, dabei Würfelbilder nutzen **3** Würfelbilddarstellungen nutzen

Zahlbilder

1 Wie viele? Welche Aufgaben siehst du?

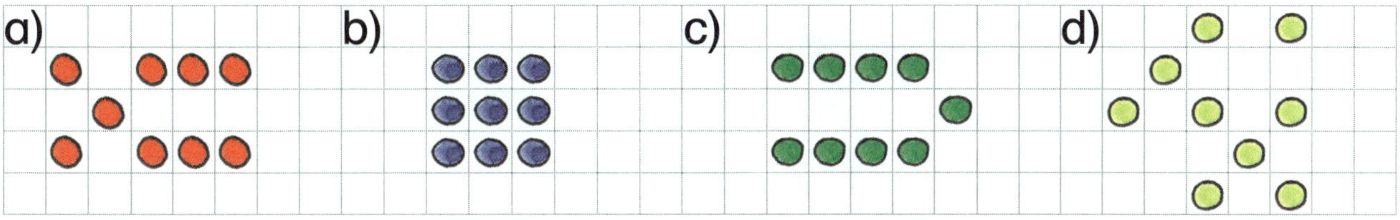

a) ___ + ___
___ + ___
☐

b) ___ + ___
___ + ___ + ___
☐

c) ___ + ___ + ___
____
☐

d) ___ + ___ + ___
____
☐

2 Immer 7. Male und schreibe.

a) ___ + ___

b) ______________

c) ______________

d) ______________

3 Immer 12. Male und schreibe.

a) 6 + ___

b) 8 + ___

c) 9 + ___

4 Immer 12.

a) 4 + 4 + 4

b) 3 + ___ + ___ + ___

5 Immer 15.

5 + ___ + ___

1, 2 Punktdarstellungen so aufgliedern, dass ihre Anzahl leicht erkennbar ist (mentale Bilder von Zahlen aufbauen)
3, 4 Muster zur Zahl 12 mit zwei, drei oder vier Farben erstellen **5** Muster zur Zahl 15 mit drei Farben zeichnen

Das Zwanzigerfeld

1 Male immer 8.

a)

b)

c)

2 Male immer 12.

a)

b)

3 Was gehört zusammen? Male in der gleichen Farbe.

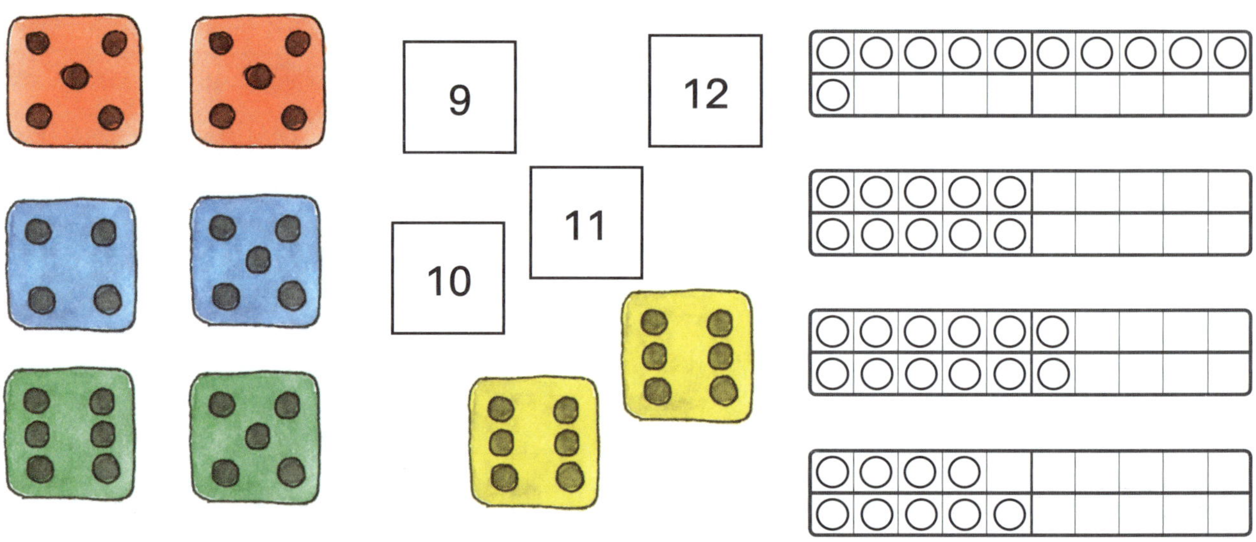

4 Verdopple. Male und schreibe.

a)

b)

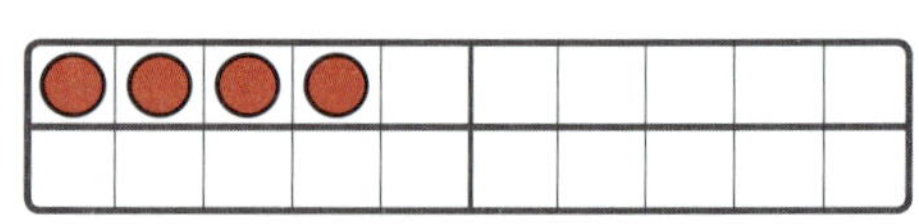

___ + ___

c)

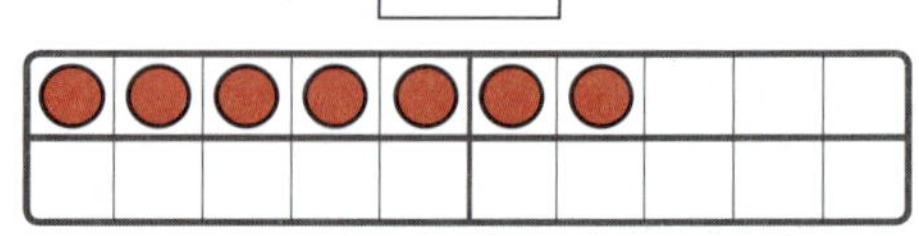

___ + ___

4 Bei Verdopplungsaufgaben ist die Anordnung paarweise untereinander vorteilhaft.

Zerlegungen

1 Zerlege. Nutze die 5.

6	7	9	11
5 + ___	___ + ___	___ + ___	___ + ___

2 Nutze das Halbieren.

8	12	16	18
___ + ___	___ + ___	___ + ___	___ + ___

3 Zerlege in gleiche Zahlen.

6	9	12	15
__ + __ + __	__ + __ + __	__ + __ + __	__ + __ + __

4 Wie viele Aufgaben findest du?

5

___ + 0
___ + ___
___ + ___
___ + ___
___ + ___
0 + ___

6

___ + ___
___ + ___
___ + ___
___ + ___
___ + ___
___ + ___
___ + ___

7

____
____
____
____
____
____
____
____

5 10

Wie viele Zerlegungen findest du zur Zahl 10?
Löse durch Überlegen.
Es gibt _____ Zerlegungen.

1 Bei diesen Zerlegungen die Bedeutung der Zahl Fünf berücksichtigen **2** Verdopplungsaufgaben nutzen **3** Zerlegungen in jeweils gleiche Zahlen **4** Alle Zerlegungen zu den Zahlen 5, 6 und 7 durch systematisches Probieren finden **5** Gesetzmäßigkeit erkennen

Rechengeschichten: Wie siehst du es?

zusammen ☐

___ + ___

___ + ___ + ___

___ + ___ + ___

zusammen ☐

zusammen ☐

zusammen ☐

Bilder nach unterschiedlichen Kriterien (wie Lagebeziehung, Farbe, Aktivitäten ...) betrachten und auf dieser Basis unterschiedliche Zerlegungen notieren

Rechenwege bei Plusaufgaben

1 Male fertig. Welche Aufgabe ist für dich leichter zu rechnen?

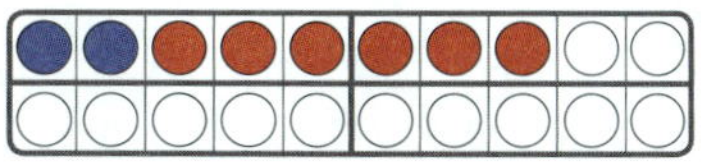

2 + 6 = ___

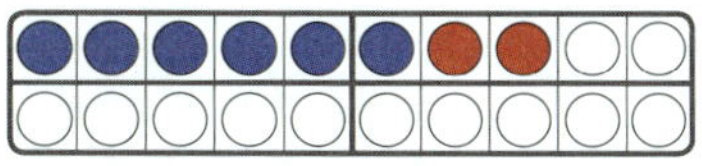

6 + 2 = ___

1 + 8 = ___

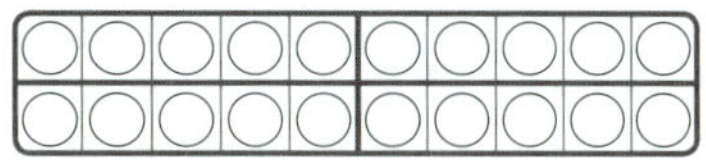

8 + 1 = ___

3 + 5 = ___
___ + ___ = ___

4 + 7 = ___
___ + ___ = ___

3 + 8 = ___
___ + ___ = ___

2 Rechne geschickt.

a)

Aufgabe	Ich denke an
3 + 4 = ___	3 + 3 = ___
3 + 6 = ___	6 + 3 = ___
5 + 4 = ___	5 + 5 = ___
7 + 4 = ___	7 + 3 = ___
12 + 3 = ___	2 + 3 = ___

b)

Aufgabe	Ich denke an
4 + 5 = ___	___ + ___ = ___
3 + 8 = ___	___ + ___ = ___
___ + ___ = ___	___ + ___ = ___
___ + ___ = ___	___ + ___ = ___
___ + ___ = ___	___ + ___ = ___

3 Überlege zuerst, ergänze dann.

a)
0 + 1 = ___
1 + 2 = ___
2 + 3 = ___
3 + ___ = ___
4 + ___ = ___
___ + ___ = ___

b)
0 + 0 = ___
1 + 1 = ___
2 + 2 = ___
3 + ___ = ___
___ + ___ = ___
___ + ___ = ___

c)
2 + 0 = ___
2 + 2 = ___
2 + 4 = ___
2 + ___ = ___
2 + ___ = ___
___ + ___ = ___

4 Immer zwei Aufgaben gehören zusammen. Rechne und male.

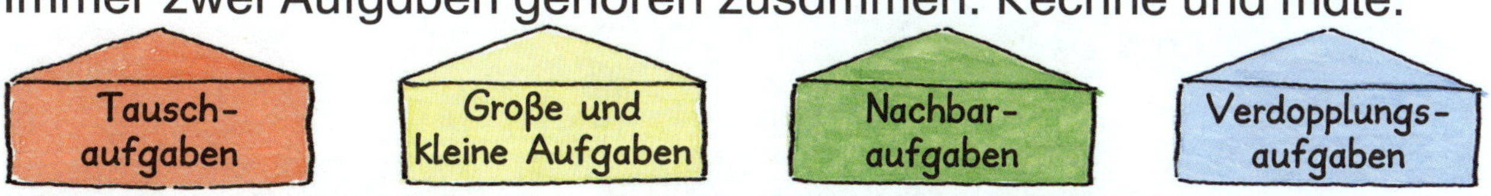

0+9=___	6+6=___	1+3=___	7+5=___	9+2=___
11+3=___	7+4=___	2+9=___	9+0=___	3+3=___

Bildgeschichten

1 Ergänze.

a)

	ohne	mit	zusam-men
Anzahl	2		
doppelte Anzahl	4		

b)

	ohne	mit	zusam-men
Anzahl	5		
doppelte Anzahl			

c)

			zusam-men
Anzahl			
doppelte Anzahl			

d)

	Hose	Rock	zusam-men
Anzahl			
doppelte Anzahl			

2 Male so an, dass alle Aufgaben zum Bild passen.

3 + 4 = ___

5 + 2 = ___

3 + 3 = ___

___ + ___ = ___

____

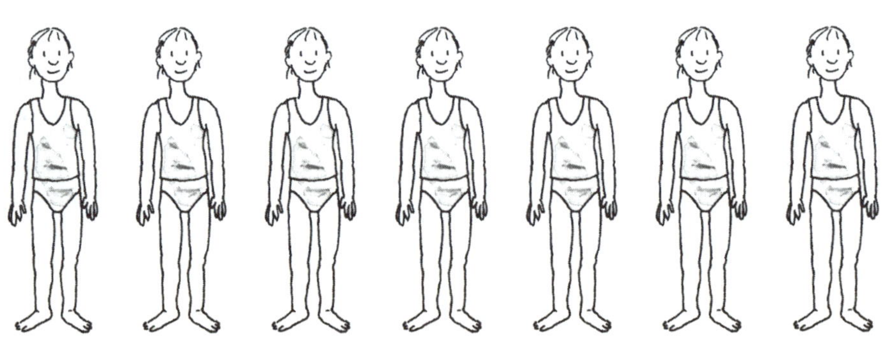

1 Bezieht sich auf das Bild oben 2 Figuren entsprechend der Aufgaben anmalen und aus dem Malbild heraus Aufgaben bilden

Rechenwege bei Minusaufgaben

1 Verdopple und halbiere.

5 + 5 = ___
10 – 5 = ___

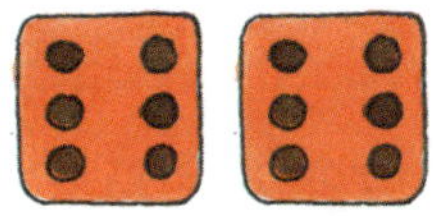

6 + ___ = ___
___ – ___ = 6

2 + 2 = ___
___ – ___ = ___

___ + ___ = ___
___ – ___ = ___

2 Bilde Aufgabenfamilien.

a) 

1 + 4 = ___
4 + 1 = ___
5 – 1 = ___
5 – 4 = ___

b) 

___ + ___ = ___
___ + ___ = ___
___ – ___ = ___
___ – ___ = ___

c) 

___ + ___ = ___
___ + ___ = ___
___ – ___ = ___
___ – ___ = ___

3 Immer zwei Aufgaben gehören zusammen. Rechne und male an.

a)

8 – 7 = ___	14 – 4 = ___	12 – 6 = ___	15 – 9 = ___
4 – 4 = ___	6 – 3 = ___	13 – 9 = ___	10 – 8 = ___

b) Finde weitere passende Aufgaben.

___ – ___ = ___	___ – ___ = ___	___ – ___ = ___	___ – ___ = ___
___ – ___ = ___	___ – ___ = ___	___ – ___ = ___	___ – ___ = ___

4 Welche Minusaufgaben findest du?

10	–	2	=	___

4 Es sind 15 Aufgaben möglich.

Rechenwege bei Addition und Subtraktion

1 Rechne aus und ergänze.

Aufgabenfamilien

4 + 3 = ___
3 + 4 = ___
7 − 3 = ___
7 − 4 = ___

5 + 4 = ___
4 + 5 = ___
9 − 4 = ___
9 − ___ = ___

Ergebnis 8

4 + 4 = ___
12 − ___ = 8
5 + ___ = 8
___ − 3 = 8
6 + ___ = 8
10 − ___ = ___
7 + ___ = ___
___ − ___ = 8
___ = 8

Tauschaufgaben

1 + 7 = ___
7 + 1 = ___
3 + 8 = ___
8 + 3 = ___
___ + ___ = ___
___ + ___ = ___
___ + ___ = ___
___ + ___ = ___

2 Rechne und finde passende Namen.

___
___

11 + 0 = ___
1 + 0 = ___
11 + 1 = ___
1 + 1 = ___
11 + 2 = ___
1 + 2 = ___
11 + 3 = ___
___ + ___ = ___

___
___

7 + 2 = ___
11 − 2 = ___
6 + 3 = ___
12 − 3 = ___
5 + ___ = ___
13 − ___ = ___
4 + 5 = ___
14 − ___ = ___

___
___

___
___
___
___
___
___
___
___

3

2 Gesetzmäßigkeit erkennen und einen Namen hierzu notieren **3** In Partnerarbeit erste Entdeckungen bei Aufgaben verbalisieren

Eigenschaften geometrischer Körper

1 Welche Körper entdeckst du? Male farbig an.

Quader

Würfel

Kugel

Zylinder

2 Welcher Körper passt nicht? Kreuze an.

a)

b)

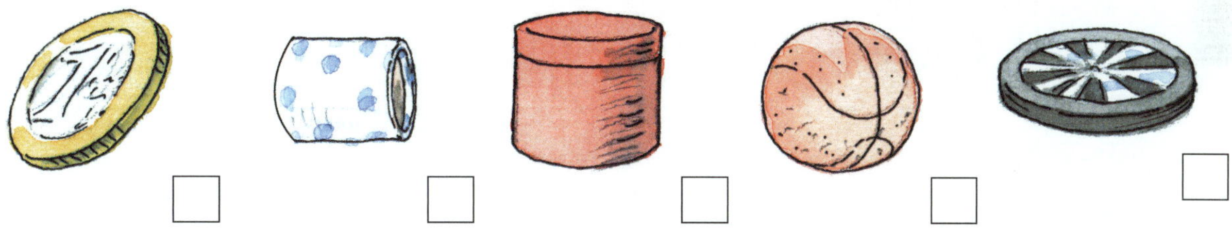

3 Wie viele Steine sind es jeweils?

a)

0			

b)

c)

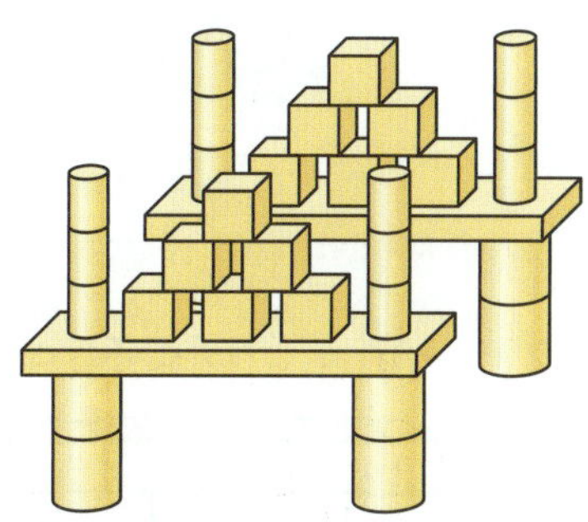

1 Bilder entsprechend der Kärtchen einfärben **2** Nicht passende Körper erkennen
3 Anzahl der Bausteine bestimmen

Eigenschaften geometrischer Körper

1 Wie viele Dosen sind es?

a)

Es sind ______ Dosen.

b)

Es sind ______ Dosen.

2 Bestimme jeweils die Anzahlen.

a)

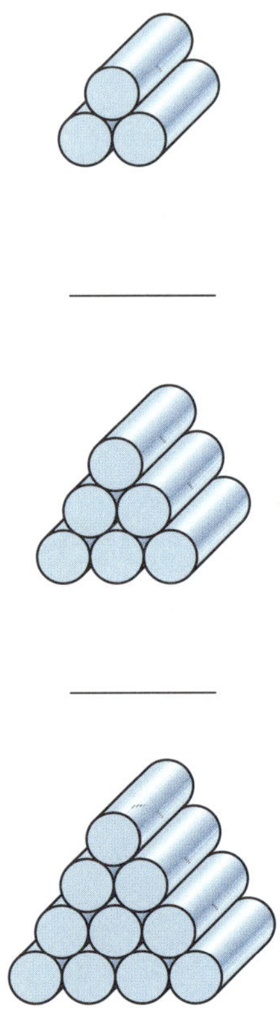

b)

c)

d)

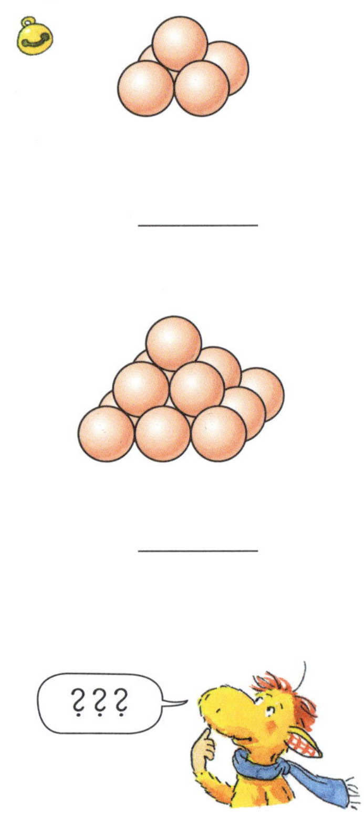

3 Wie viele Steine fehlen?

1 Anzahl der Dosen bestimmen **2** Anzahl der Bausteine in den Bauwerken bestimmen
3 Anzahl der fehlenden Quader bestimmen

Lagebeziehungen

1 Welche Tiere sind gemeint? Kreise ein.

2 Was stimmt? Kreuze an.

Pia sagt:

☐ „Der  ist rechts."

☐ „Der  ist rechts."

☐ „Der  ist hinten."

Timo sagt:

☐ „Der  ist rechts."

☐ „Der  ist in der Mitte."

☐ „Der  ist vorne."

Alex sagt:

☐ „Der  ist links."

☐ „Der  ist links."

☐ „Der  ist links."

3 Jedes Bild wurde mit nur einem Körper gestempelt. Male an.

1 Versteckte Tiere mithilfe der Aussagen finden, über Lagebeziehungen sprechen **2** Aussagen auf Richtigkeit überprüfen **3** Stempelkörper den Bildern zuordnen, geometrische Körper in entsprechender Farbe anmalen; mehrere Lösungen sind möglich.

Lagebeziehungen

1 Die Kinder gehen vor die Häuser. Was sagen die Kinder?

a) 

Ich gehe: 2 nach hinten und ___ ________ Ich sehe: 

b) 

Ich gehe: ___ ________ und ___ ________ Ich sehe: 

c) 

Ich gehe: ___ ________ und ___ ________ Ich sehe: 

2 Was sehen die Kinder?

Ich gehe: 5 nach hinten und 1 nach links. Ich sehe:

Ich gehe: 5 nach vorne und 8 nach rechts. Ich sehe:

1 Perspektive der Kinder einnehmen, Wege entsprechend der Ansichten finden
2 Perspektive der Kinder einnehmen, Wege gedanklich gehen und Ansicht zeichnen

Rechenwege bei Plusaufgaben

1 Nutze die Rechenwege.

Erst bis 10, dann den Rest

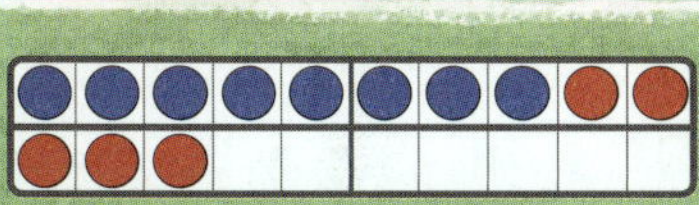

8 + 5 = ___

Erst verdoppeln, dann den Rest

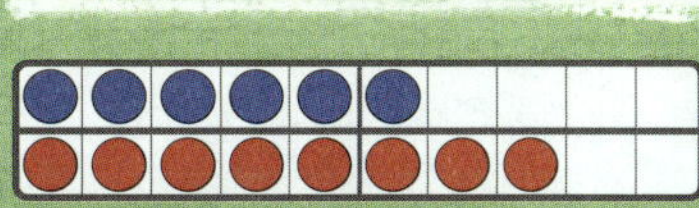

6 + 8 = ___

Kleine Aufgabe nutzen

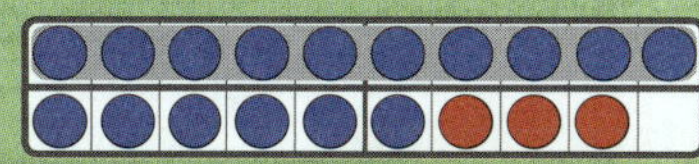

16 + 3 = ___

Bei Aufgaben mit 9, die 10 nutzen

7 + 9 = ___
7 + 10 = ___

Fünfer nutzen

5 + 8 = ___
7 + 5 = ___

Tauschaufgabe nutzen

4 + 15 = ___
15 + 4 = ___

2 Wie rechnest du? Male wie oben farbig an und rechne aus.

8+6= ___	6+7= ___	4+12= ___	5+7= ___
5+17= ___	9+6= ___	17+4= ___	8+9= ___
13+4= ___	5+8= ___	7+4= ___	9+7= ___

3 Finde selbst Aufgaben zu den Rechenwegen.

Erst bis 10, dann den Rest

Erst verdoppeln, dann den Rest

Kleine Aufgabe nutzen

Bei Aufgaben mit 9, die 10 nutzen

Fünfer nutzen

Tauschaufgabe nutzen

Die Strategien für die Addition sind hier farbig gekennzeichnet. Die Strategien in den Grundfarben rot, gelb, blau und grün haben besondere Bedeutung: Sie lassen sich auf die Subtraktion übertragen (vgl. S. 18).

Rechenwege bei Minusaufgaben

1 Nutze die Rechenwege.

Erst bis 10, dann den Rest

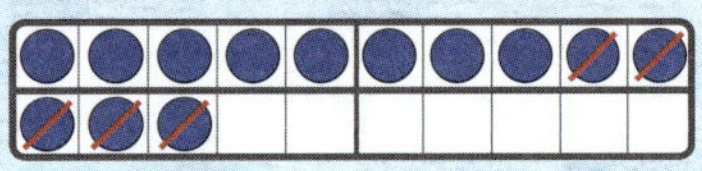

13 – 5 = ___

Verdopplungsaufgabe nutzen

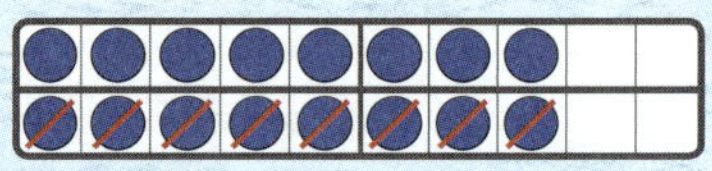

16 – 8 = ___

Kleine Aufgabe nutzen

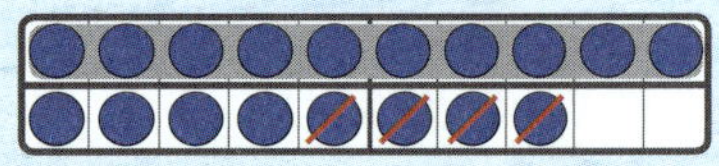

18 – 4 = ___

Bei Aufgaben mit 9, die 10 nutzen

15 – 9 = ___

15 – 10 = ___

Ergänzen (von … bis …)

15 – 11 = ___

von 11 bis 15 …

2 Wie rechnest du? Male wie oben farbig an und rechne aus.

16 – 9 = ___	14 – 7 = ___	18 – 16 = ___	18 – 6 = ___
23 – 21 = ___	13 – 6 = ___	17 – 5 = ___	18 – 9 = ___
22 – 11 = ___	14 – 9 = ___	16 – 7 = ___	19 – 16 = ___

3 Finde selbst Aufgaben zu den Rechenwegen.

Erst bis 10, dann den Rest

Verdopplungsaufgabe nutzen

Kleine Aufgabe nutzen

Bei Aufgaben mit 9, die 10 nutzen

Ergänzen (von … bis …)

Die Strategien für die Subtraktion, die in den Grundfarben rot, gelb, blau und grün gekennzeichnet sind, entsprechen den gleichfarbigen Strategien für die Addition auf Seite 17. Die lila gekennzeichnete Strategie gilt nur für die Subtraktion.

Arbeiten mit Tabellen

1 10 € Du kaufst: 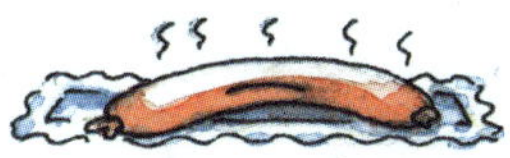 Du bekommst ___ € zurück.

10 € Alina kauft:  Sie bekommt ___ € zurück.

20 € Papa kauft:  Er bekommt ___ € zurück.

2 Schreibe Aufgabe 1 als Tabelle.

Geldbetrag	Einkauf	Kosten	Rückgeld
10 €			
	1 Eis, 1 Limo		

3 Fülle die Tabelle aus.

Geldbetrag	Einkauf	Kosten	Rückgeld
10 €	2 Cola		
20 €	1 Pizza		
20 €	2 Eis		

4

Geldbetrag	Einkauf	Kosten	Rückgeld
10 €	1 ______	3 €	
10 €	3 ______	6 €	
20 €	3 ______	15 €	

5 Fülle die Tabelle aus.

Geldbetrag	Einkauf	Kosten	Rückgeld
		3 €	7 €
		5 €	15 €

6

Geldbetrag	Einkauf	Kosten	Rückgeld
10 €			6 €
20 €			11 €

Geordnete Päckchen

1

17 + 3 = ___
15 + 3 = ___
13 + 3 = ___
___ + ___ = ___

15 + 6 = ___
13 + 7 = ___
___ + 8 = ___
9 + ___ = ___

2

18 − 2 = ___
17 − 3 = ___
16 − ___ = ___
___ − ___ = ___

___ − ___ = ___
19 − 8 = ___
17 − 6 = ___
15 − ___ = ___

3 Rechne und male.

19 − 15	15 − 13	6 + 12	7 + 11	14 − 12	21 − 17
16 − 14	10 + 8	5 + 11	10 + 6	24 − 6	17 − 15
9 + 9	9 + 7	17 − 13	15 − 11	8 + 8	22 − 4

4 Denke dir schwierige Päckchen aus.

___ ___ = ___	___ ___ = ___	___ ___ = ___	___ ___ = ___
___ ___ = ___	___ ___ = ___	___ ___ = ___	___ ___ = ___
___ ___ = ___	___ ___ = ___	___ ___ = ___	___ ___ = ___

5 Finde geordnete Päckchen.

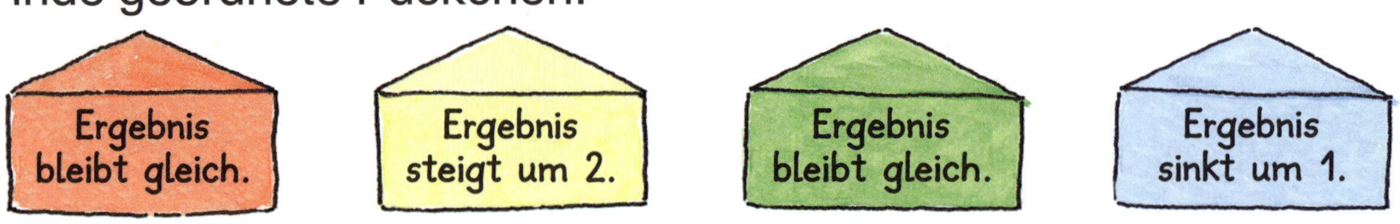

___ + ___ = ___	___ + ___ = ___	___ − ___ = ___	___ − ___ = ___
___ + ___ = ___	___ + ___ = ___	___ − ___ = ___	___ − ___ = ___
___ + ___ = ___	___ + ___ = ___	___ − ___ = ___	___ − ___ = ___

1, 2 Die Schüler sollten immer die Möglichkeit haben, auch außerhalb des Arbeitsheftes weiterzuarbeiten.
3 Es entsteht ein Muster.

Geordnete Päckchen

1 Eine Karte passt nicht. Ersetzt die Aufgabe und rechnet aus.

10 + 5	___ + ___ = ___	13 – 9	
11 + 6		15 – 11	
12 + 8		18 – 17	
13 + 8		19 – 15	

2 a) Sortiert und rechnet aus.

5 + 6	4 + 6	6 + 8
10 + 12	8 + 9	6 + 7
7 + 8	8 + 10	

5 + 6 = ___	
___ + 9 = ___	10 +

b) Führt beide Päckchen fort. Wie weit kommt ihr?

3 Bilde geordnete Päckchen.

Erste Zahl steigt um 1.	Zweite Zahl sinkt um 2.

4

Ergebnis ___	___
17 – 12 = ___	18 – 11 = ___
16 – 12 = ___	17 – 10 = ___
15 – 12 = ___	16 – 9 = ___

5 Rechne aus. Erkläre, was dir auffällt.

17 – 12 = ___ Die erste Zahl ______________________.

18 – 13 = ___ Die zweite Zahl ______________________.

19 – 14 = ___ Das Ergebnis ______________________.

Die Schüler sollten immer die Möglichkeit haben, auch außerhalb des Arbeitsheftes weiterzuarbeiten.
2 Es empfiehlt sich mit Bleistift und Radiergummi zu arbeiten. **4** Aufgaben lösen und Briefumschläge beschriften

Denken und knobeln

Ein **KAKURO** ist ein Zahlenrätsel.
– In den grauen Kreisen stehen Ergebnisse von Plusaufgaben.
– Jede Zahl darf in einer Plusaufgabe nur einmal vorkommen.
– Man schreibt passende Zahlen von 1 bis 9 in die weißen Felder.

Beispiel:

	12	14
15		
11		

	12	14
15	7	8
11		

15 = 7 + 8

	12	14
15	7	8
11	5	

12 = 7 + 5

	12	14
15	7	8
11	5	6

11 = 5 + 6

1

a)

	4	9
7		
6		

b)

	7	10
8		
9		

c)

	11	10
9		
12		

d)

	11	17
16		
12		

2

a)

	15	12
11		
16		

b)

	14	13
12		
15		

c)

	14	11
13		
12		

d)

	14	11
13		
12		

3 Setze die Zahlen 2, 3, 4 und 5 ein.

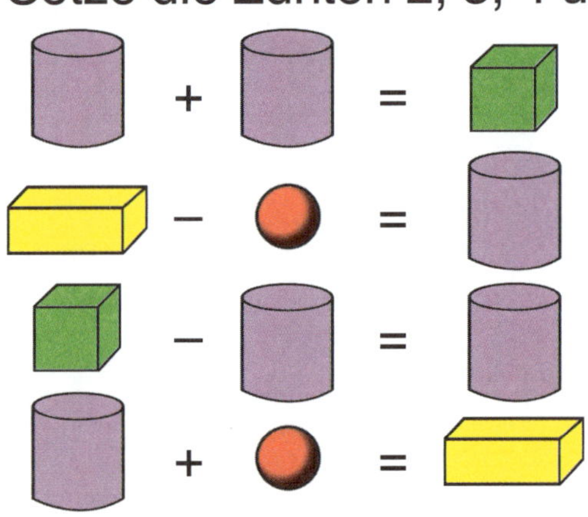

4 Setze 3, 4, 6 und 7 ein.

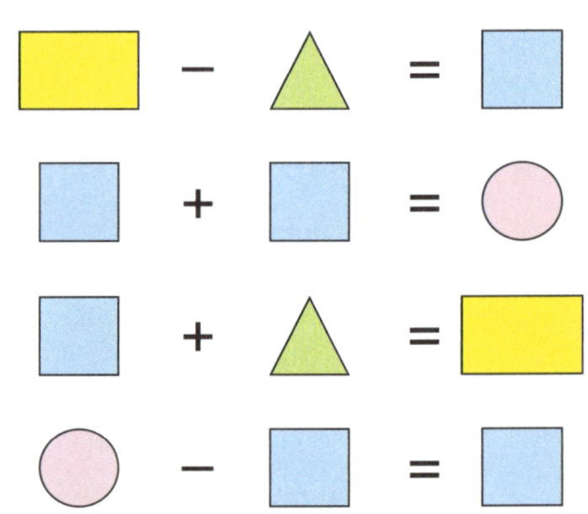

Es kann bei Kakuros mehrere Lösungsmöglichkeiten geben. In **2 c)** und **d)** sollen die Kinder zwei Lösungen für das gleiche Rätsel finden. Es empfiehlt sich immer mit Bleistift und Radiergummi zu arbeiten.

Bildgeschichten

1 Welche Aufgaben gehören in die Kästchen?

13 – 9 = 4 | 9 – 6 = 3 | 9 + 4 = 13 | 6 + 3 = 9 | 6 + 9 = 15

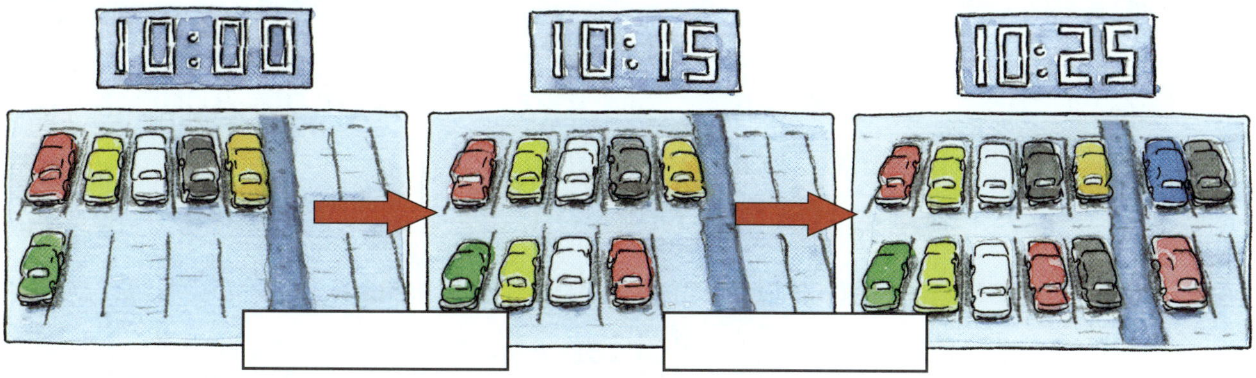

2 Wie viel Geld haben die Kinder?

Kai hat ___ €.
Kim hat ___ €.
Elli hat ___ €.
Chiara hat ___ €.

Zusammen haben die Kinder ___ €.

3 Es werden Äpfel in die Körbe gefüllt.

vorher

nachher

a)

b)

c)

1 Die Rechenausdrücke sollen die Veränderung zwischen den einzelnen Parkplatzsituationen beschreiben.
2 Sachsituation kann mit Rechengeld nachgespielt werden. **3** Mithilfe von Legeplättchen können die Sachsituationen nachgespielt und die Lösungen erarbeitet werden. Lösungen im Heft notieren

Rechnen mit Geld

1 a) Hannes und Anne haben einige 1-Cent-Münzen.

Die Kinder haben zusammen ___ Münzen.
Hannes hat ___ Münzen weniger als Anne.
Hannes hat ___ Münzen.
Anne hat ___ Münzen.

b) Hannes stellt das Rätsel seinen Eltern.
Er verändert aber die Zahlen etwas. War das gut?

2 In das Sparschwein werden 3 Münzen gesteckt. Wie viele Cent können es zusammen sein?

3 Mirco kauft ein. Trage in die Tabelle ein.

Auto 7€ | Buch 4€ | Ball 2€ | TT-Schläger 6€

Geldbetrag	Einkauf	Kosten	Rückgeld
10 € 5 €	1 ____________ und 1 ____________		2€ 2€
20 €	__ TT-Schläger und 1 ______________________		1€
20 €			
20 €			

1 bis **3** Einsatz des Rechengeldes ist möglich.

Lösungshilfen

1 a) Anne bespricht mit ihrem Vater das Taschengeld für die nächsten 5 Wochen.

	1. Woche	2. Woche	3. Woche	4. Woche	5. Woche		Taschengeld in 5 Wochen
Vater							
Anne							

b) Anne hat mit ihrem Vorschlag schon heimlich weitergerechnet.

____

____

2

Rechne und trage in die Tabelle ein.
Finde eigene Beispiele.

Familie	Erwachsene	Kinder	Preis
Wolf		1	20 €
Berger	2	4	

1 Es ist darauf zu achten, dass die Taschengeldsumme für den 5-Wochen-Zeitraum berechnet wird. Die Tabelle kann um 1 Spalte ergänzt werden, um die Entwicklung in der 6. Woche zu sehen.

Denken und knobeln

1 Hannes möchte sich mit seinen Eltern auf eine Bank setzen. Wie viele Möglichkeiten gibt es, sich nebeneinander zu setzen?

Es gibt ____ verschiedene Möglichkeiten, sich nebeneinander zu setzen.

2 Shidokus sind Rätsel. In jeder Zeile, in jeder Spalte und in jedem Vidererfeld dürfen die Zeichen ❐, ◆, ☺, ➚ nur einmal vorkommen. Shidokus können aber auch mit den Zahlen 1 bis 4 gebildet werden. Fülle die Shidoku-Paare mit Bleistift aus.

Hier nur Zeichen!

A

	☺		
➚			
❐	◆	☺	
☺			

B

❐		➚	☺
			◆
	❐		
➚			❐

C

	◆	☺	
	☺		
			❐
◆		➚	

Hier nur Zahlen!

A

	3		
4			
1	2	3	
3			

B

1		4	3
			2
	1		
4			1

C

	2	3	
	3		
			1
2		4	

Kreuze an. Überlege dir Gründe für deine Antwort:

- ◯ Ich fand die Rätsel mit den Zeichen einfacher zu lösen.
- ◯ Ich fand die Rätsel mit den Zahlen einfacher zu lösen.
- ◯ Für mich waren beide gleich einfach.
- ◯ Für mich waren beide gleich schwierig.

Bild und Spiegelbild

1 Finde das Spiegelbild. Kreuze an.

a)

b)

c)

2 Kreise 10 Fehler im Spiegelbild ein.

1 Spiegelbild finden **2** Im Spiegelbild 10 Fehler finden, Lösungen mit dem Spiegel überprüfen

Spiegelschrift

1 Ergänze die Spiegelbilder.

a) b) c) d)

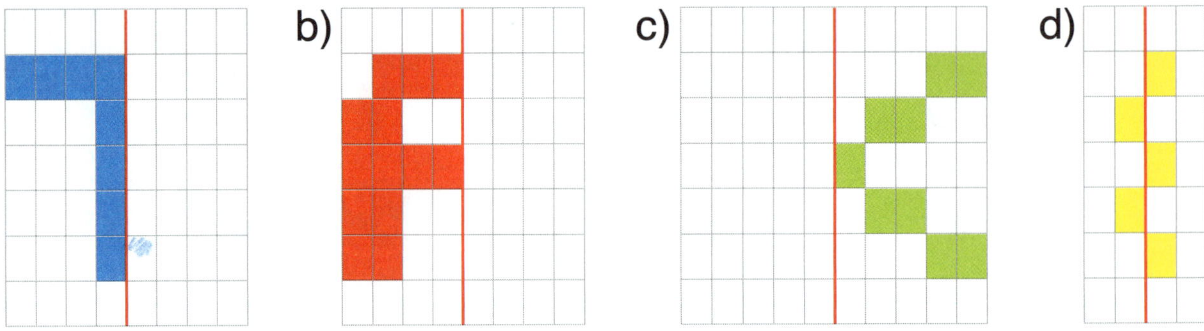

2 Suche selbst Buchstaben und Zahlen und spiegele sie.

a) b) c) d)

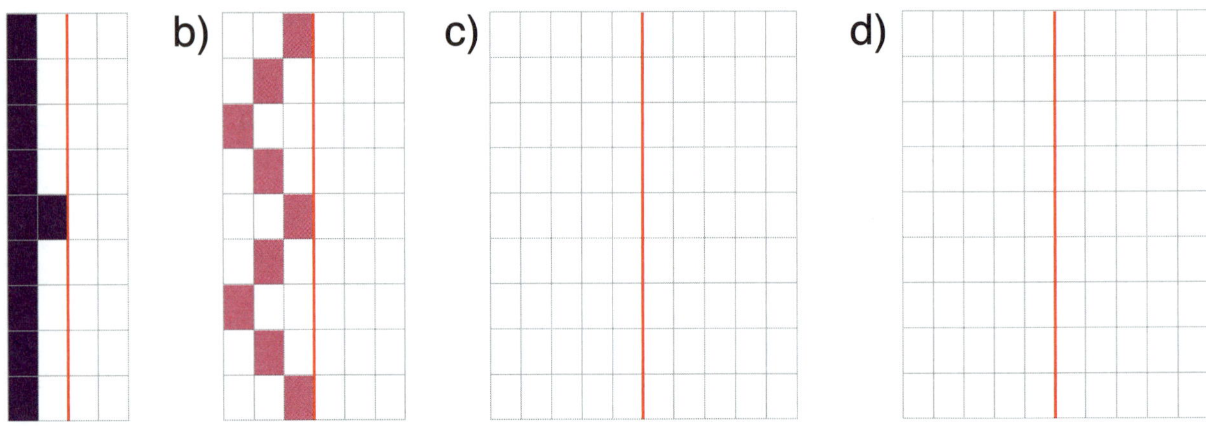

3 Suche weitere Buchstaben und Zahlen und spiegele sie.

a) b) c) d)

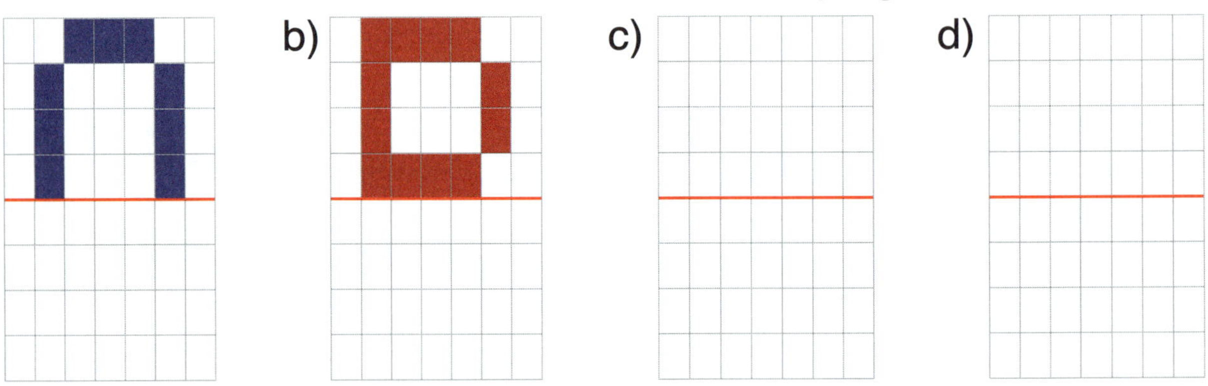

4 Ergänze die Geheimschrift.

a) b) c) d)

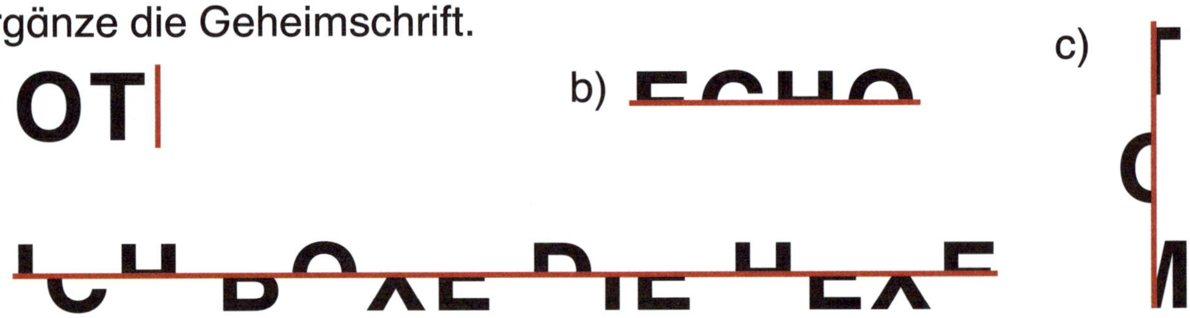

1 Bilder zu Buchstaben ergänzen **2, 3** Symmetrische Buchstaben oder Zahlen bei vorgegebener Spiegelachse erzeugen **4** Spiegelbild entdecken

Kalender

Monatskalender

April						
SO	MO	DI	MI	DO	FR	SA
		1	2	3	4	5
6	7	8	9	10	11	12
13	14	15	16	17	18	19
20	21	22	23	24	25	26
27	28	29	30			

Mai						
SO	MO	DI	MI	DO	FR	SA
				1	2	3
4	5	6	7	8	9	10
11	12	13	14	15	16	17
18	19	20	21	22	23	24
25	26	27	28	29	30	31

Juni						
SO	MO	DI	MI	DO	FR	SA
1	2	3	4	5	6	7
8	9	10	11	12	13	14
15	16	17	18	19	20	21
22	23	24	25	26	27	28
29	30					

1 a) Aus einem Monatskalender kann man den __________, die __________________ und das __________ ablesen.

b) Ergänze dort, wo du den Eintrag sicher weißt.

Elli hat am ____. __________ Geburtstag. Pia hat an einem __________ Geburtstag. Stephan hat am __________, dem ____. __________ Geburtstag. Pia ist jünger als __________.

Am ____. __________ sagte Silvio: „In 3 Wochen habe ich Namenstag.“

c) Du konntest einen der Sätze nicht ergänzen,

- ◯ weil du die Kinder nicht kennst,
- ◯ weil du den Namenstag nicht feierst,
- ◯ weil du ______________________________

2 Stellt euch gegenseitig weitere Kalender-Aufgaben und löst sie.

2 Aufgabenstellungen können auch an einem aktuellen Kalender durchgeführt werden.

Zeit

1 Ergänze.

Ich war ___ Stunden in der Schule.

2 Die Kinder machen einen Ausflug zu einem Bauernhof.
Lies zuerst, was die Kinder sagen. Berechne dann die Uhrzeiten und trage sie ein.

 Start an der Schule

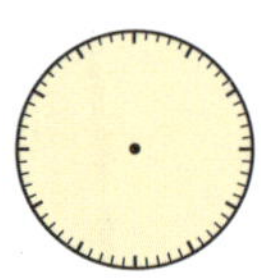 Aufenthalt auf dem Bauernhof 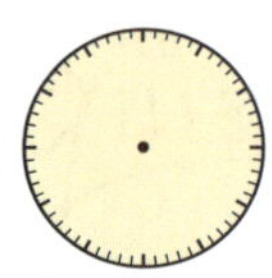

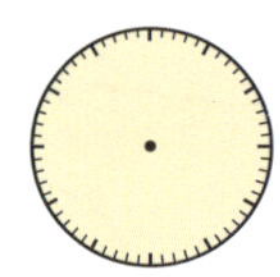 zurück an der Schule

Skizze:

Ausblick auf den Zahlenraum bis 100

1 Finde alle Aufgaben mit Zehnerzahlen.

70	90	80
70 + 0		
60 + 10		
		40 + ___
	___ + 70	
	10 + 80	

2 Rechne aus und finde das Lösungswort.

75 + 20 = ___	90 − 16 = ___
81 − 50 = ___	30 + 12 = ___
54 + 20 = ___	70 − 42 = ___
44 + 30 = ___	20 + 28 = ___
93 − 80 = ___	50 − 37 = ___

13	28	31	42	48	74	95
E	A	O	T	G	N	S

Lösungswort:

3 Immer das Doppelte.

	10	15	20	25	30	40	50	60	70	100

4 Immer die Hälfte.

	10	20	30	40	50	60	70	80	90	100

5 Löse die Zahlenrätsel.

A	B	C	D

Magische Dreiecke – Rechnen mit Zehnerzahlen

1 Setzt die Zahlen passend ein.

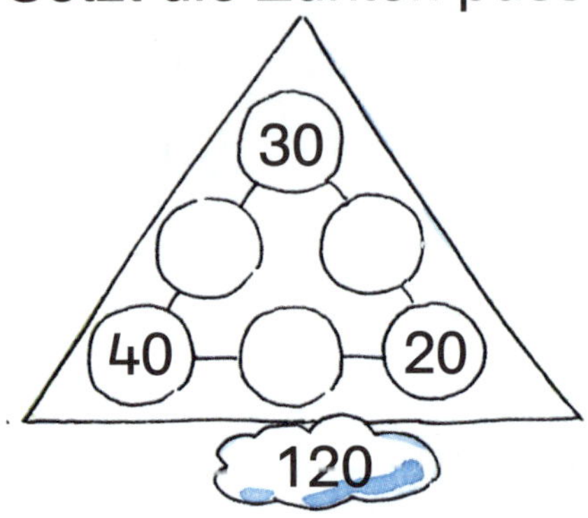

10 ~~20~~ ~~30~~ ~~40~~ 50 60 70 80 90 100

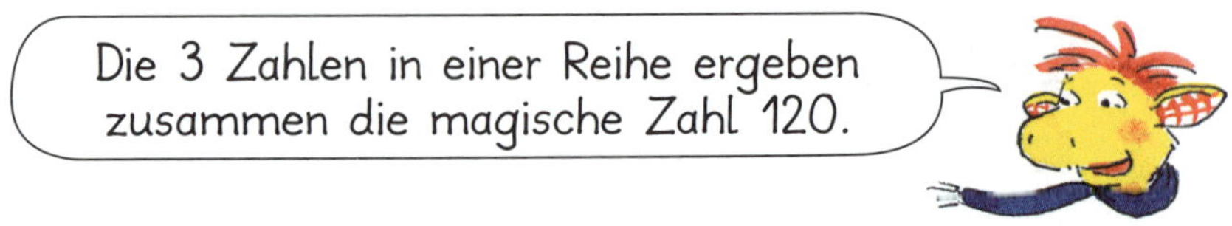

2 Findet verschiedene Möglichkeiten zur magischen Zahl 130.

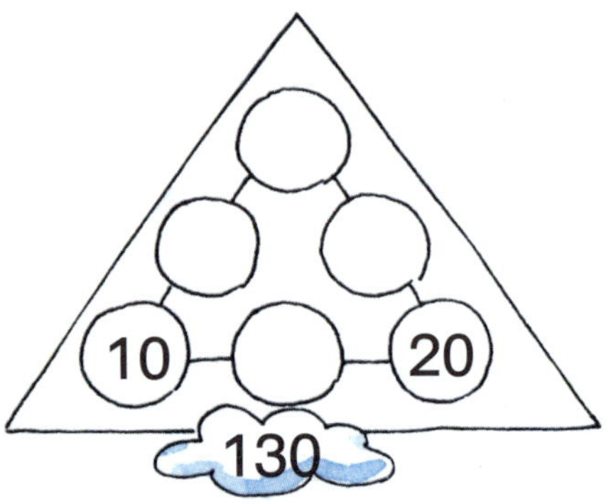

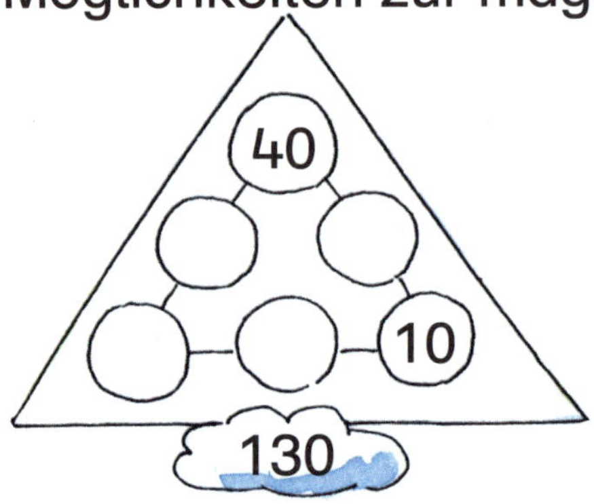

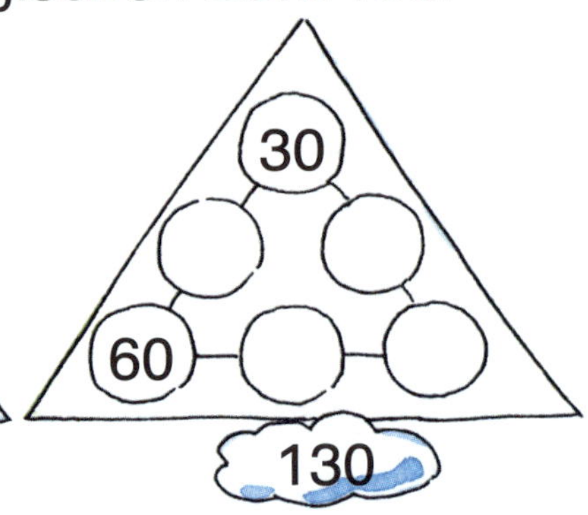

3 Verwendet nur diese Karten.

10 20 30 40 50 60

a) Bildet magische Dreiecke mit möglichst kleiner magischer Zahl.

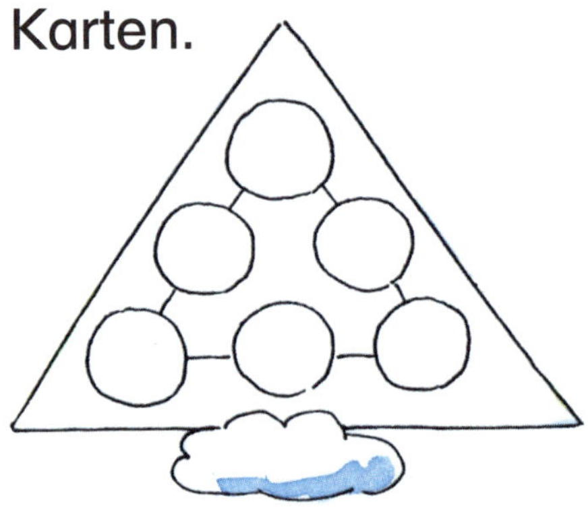

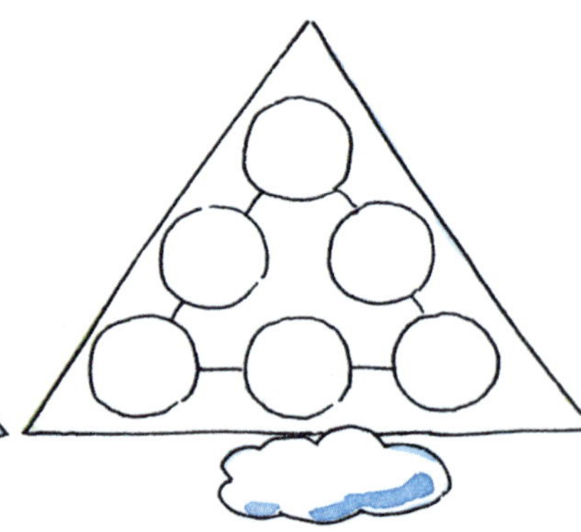

b) Bildet magische Dreiecke mit möglichst großer magischer Zahl.

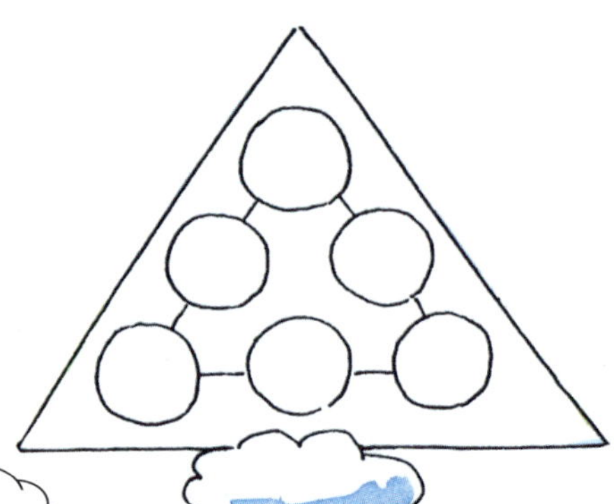

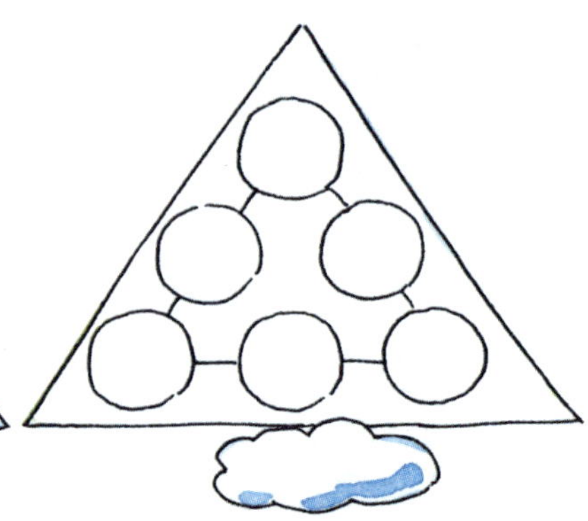

c) Wann erhält man möglichst kleine, wann möglichst große magische Zahlen?

Das große magische Dreieck auf der rechten Seite kann zum Legen und Probieren genutzt werden.